# LETTRE

# A M DUFAURE

SUR

## LES HOMMES ET LES SOUVENIRS DE 1789.

NIORT

TYPOGRAPHIE DE L. FAVRE.

1869

Cette lettre paraît, à dessein, six mois après les élections générales.

Pourquoi si tard ?

J'avoue humblement qu'il m'a fallu ce délai pour me conformer au précepte :

Vingt fois sur le métier remettez votre ouvrage ;
Polissez-le sans cesse et le repolissez.

J'ai tenu à fourbir mes armes.

Mais la bataille est finie ?

Je ne le crois pas.

D'ailleurs, peu m'importe : je combats l'écrivain, non le candidat ; les doctrines, non les espérances.

Or, les doctrines survivent à la proclamation du

scrutin et à l'incinération des bulletins de vote ; je les retrouve debout, aujourd'hui comme hier.

Donc, il est encore à propos de les discuter.

C'est ce que je vais essayer de faire.

Amaury DE LINIERS.

Niort, 15 Décembre 1869.

## A Monsieur DUFAURE, ancien Ministre.

Monsieur,

Vous avez, le 15 mai dernier, adressé à M. Antonin Proust, au sujet de l'élection d'un député dans la première circonscription des Deux-Sèvres, une lettre RENDUE PUBLIQUE et conçue en ces termes :

Paris, le 15 mai 1869.

Monsieur,

« J'ai appris, avec grand plaisir, que vous aviez accepté une candidature dans la première circonscription du département des Deux-Sèvres.

« Vous y êtes fortement recommandé par les souvenirs de votre famille et par l'honneur qui s'attache à votre nom.

« Vous avez d'ailleurs montré à vos concitoyens que vous étiez personnellement digne de leurs sympathies et de leurs suffrages.

« Tous ceux qui vous connaissent pensent que le temps est venu pour vous d'aborder la vie publique.

« Vos derniers travaux vous y ont heureusement préparé. Vous avez étudié, dans ses premières manifestations, le grand mouvement de 1789 ; vous avez vu les intolérables abus qui l'avaient rendu nécessaire :

« Insolents excès du pouvoir absolu ;

« Expédients continuels pour tromper ou pour contraindre ;

« Hontes du favoritisme ;

« Dilapidations financières, etc., etc.

« Les *Cahiers des provinces de l'Ouest*, que vous avez publiés, attestent la mâle indépendance, le bon sens pratique, la fermeté contenue, mais inébranlable, avec lesquels nos pères de bonne race poitevine et saintongeaise ont demandé la répression de tous ces désordres.

« Vous êtes plus que personne, Monsieur, pénétré de ce que vous avez si bien mis en lumière.

« Si j'étais votre électeur, je ne demanderais pas pour vous d'autres garants que les souvenirs que vous avez évoqués. Ils révèlent beaucoup de choses sur le temps présent, et ils enseignent à l'homme qui aspire à la vie publique les devoirs qu'il contracte envers son pays.

« Agréez, je vous prie, l'assurance de mes sentiments distingués. »

J. DUFAURE,

*de l'Académie française.*

J'aurais mauvaise grâce, Monsieur, à ne pas reconnaître, tout d'abord, combien, en passant sur vos lèvres, les compliments acquièrent de prix, et combien vos clients — politiques ou autres — ont le droit d'être fiers de votre patronage ou contents de leur défenseur.

En revanche, les éloges que vous accordez aux IDÉES émises dans la préface et au cours des *Archives de l'Ouest*, peuvent être pesés à la balance de la vérité historique, sans manquer en rien, ce me semble, à la courtoisie envers les PERSONNES.

Ces éloges comportent, en effet, une appréciation très contestable, selon moi, du « grand mouvement de 1789 », et l'histoire à la main je ne saurais accepter, pour mon privé compte, un jugement sur la Révolution ainsi formulé :

« AVANT 1789, abus intolérables ;
« EN 1789, fermeté contenue, mais inébranlable, à demander la répression des désordres ;
« DE NOS JOURS, nécessité, pour l'homme qui aspire à la vie publique, de chercher dans les souvenirs de 1789 la règle de sa conduite politique. »

Avec votre permission, Monsieur, je m'en vais, sur vos traces, *non passibus œquis*, parcourir ces trois étapes.

§

## Avant 1789, abus intolérables.

Vous les résumez, Monsieur, en ces quelques lignes :

« Insolents excès du pouvoir absolu ;
« Expédients continuels pour tromper ou pour contraindre ;
« Hontes du favoritisme ;
« Dilapidations financières, etc., etc. »

Me trompé-je ? Les abus, dans votre pensée, méritaient la répression surtout en raison du cachet d'*insolence*, de *continuité*, de *honte*, de *folie* dont ils étaient empreints ?

Mais, Monsieur, Louis XVI avait déjà régné pendant près de quinze ans — *per quindecim annos, grande mortalis œvi spatium* — lorsqu'il ouvrit les Etats-Généraux le 5 mai 1789 : durant ce long période, l'Administration du Roi aurait donc été, selon vous, entachée des insolents excès, des expédients continuels, des hontes, des folies que vous signalez ?

Une aussi grave accusation, tombée de si haut, atteint les Turgot, les Malesherbes, les Necker autant que les Maurepas, les Calonne, les Brienne.

J'ai été quelque peu surpris, je l'avoue, de voir un ancien Ministre de mon pays transformer ainsi Turgot, Malesherbes, Necker, Brienne lui-même, tous clients ou amis des philosophes, en séides courbés devant le Maître, esclaves de sa parole, et répondant à ses ordres :

« Je crois entendre Dieu : tu parles, j'obéis. »

J'ai été peiné de cet anathème jeté, au milieu de la lutte électorale, sur un *despote* dont les caprices ont dicté le rappel des parlements, l'abolition de la question, la reconnaissance de la jeune Amérique ; sur un *dilapidateur de la fortune publique* dont « les expédients pour tromper ou pour contraindre » se sont traduits par l'exposé de Necker et par la convocation des Etats-Généraux.

Pourquoi le taire ? j'attendais plus de justice envers Louis XVI de la part de l'homme politique et surtout de la part de l'avocat, car ce dernier est une des illustrations du barreau français, de ce barreau qui n'a pas apparemment pour devise : « *Les malheureux sont toujours coupables !* »

Vous me direz, Monsieur, qu'on ne fait point de l'histoire avec du sentiment, et que, malgré les bonnes intentions de Louis XVI, malgré les louables efforts de ses conseillers, les abus n'en subsistaient pas moins, témoin les *Remontrances des Trois Ordres*, et, pour rester en cette province, témoin les *Cahiers du Poitou*, détachés des *Archives de l'Ouest*.

Ces abus étaient-ils donc, comme vous le prétendez, INTOLÉ-
RABLES ?

Le Tiers (1) poitevin, il est vrai, les qualifie d'un mot aussi
énergique : « ACCABLANT FARDEAU ! » (2)

Avant d'admettre le témoignage du Tiers, il conviendrait peut-
être d'en peser les termes, d'en examiner la forme, en un mot
d'appliquer à ce témoignage la maxime : « *Le style c'est l'homme.*»

En ce cas, qui ne serait frappé de l'emphase, de la pompe, de la
boursoufflure d'un langage tel que celui-ci :

« Il est infiniment plus sûr, plus doux, plus glorieux (pour le
Souverain) de régner sur des *sujets libres* qui l'aiment que sur des
*esclaves* qui le craignent. » (3)

Casimir Delavigne, si je ne me trompe, devait noter cet air :

> Peuple français, peuple de braves,
> La *Liberté* rouvre les bras !
> On nous disait : Soyez *esclaves* !
> Nous avons dit : Soyons soldats !

Ce sont bien les mêmes accents. D'un consentement à peu près
unanime, l'*Esclavage* est aboli, et l'air est. . . oublié.

Je laisse à nouveau la parole au Tiers poitevin :

« Ecrasée sous le poid des impôts excessifs, courbée sous le fardeau plus accablant encore des abus qui se sont multipliés dans les
différentes branches de l'Administration, loin de céder à un flétris-
sant découragement, la province du Poitou n'en aura que plus de
zèle et d'ardeur pour contribuer de toutes ses forces et se sacrifier,
s'il le faut, à l'utilité commune, et à la félicité ultérieure que tout
promet à l'Etat.

« Bientôt régénéré dans toutes ses parties, c'est du désordre in-
concevable de nos finances, des vices d'une foule de nos lois, des
abus et de la corruption de quelques-uns de nos usages, du sein
même de nos divisions domestiques que va renaître un nouvel
ordre de choses capable de nous consoler de nos malheurs et de
les détruire.

« Inviolablement attachés au meilleur des rois et à la plus heureuse constitution, c'est en conservant avec soin cette constitution
précieuse, c'est en la rendant fixe et durable, c'est en travaillant
de concert à déraciner les abus nés dans toutes les parties que le
Roi et la Nation resserreront encore davantage, s'il est possi-
ble, les liens de la confiance et de l'amour mutuel qui font leur
force et leur félicité. » (4)

Voilà, je crois, le sublime du genre.

_____

(1) Il n'existe plus, aujourd'hui, d'ORDRES dans l'Etat. Ces dénominations
historiques, évanouies depuis 80 ans, ne désignent plus personne. De même,
en défendant les hommes ou les choses de l'Ancien Régime, nul ne saurait
être accusé, avec quelque fondement, de plaider *pro domo suâ.*
(2) *Archives de l'Ouest,* Poitou, A, p. 153.
(3) *Archives de l'Ouest,* Poitou, A, p. 154.
(4) *Archives de l'Ouest,* Poitou A, p. 153 et 154.

Qu'est devenu, je vous le demande, l'*inviolable* attachement au meilleur des rois, à *la plus heureuse*, à la *précieuse* constitution ?

Si des protestations « d'amour mutuel » nous passons aux doléances, nous retrouvons la même exagération.

« La misère du peuple, l'excès énorme de ses charges, la désolation des campagnes » (1) veulent être rapprochés de « l'ignorance », de « l'anarchie » et de « la confusion » en lesquelles la France « a langui pendant plusieurs siècles. (2) »

*Sesquipedalia verba !*

Laissons de côté le régime féodal — ce souffre-douleur des partis — et parlons des impôts en 1789.

Ces impôts étaient-ils lourds ? trop lourds ?

Lourds ? Assurément. Les impôts ont été, sont et seront toujours lourds à qui les paie.

Trop lourds ? Les impôts ont paru, paraissent et paraîtront toujours trop lourds au contribuable.

Pour l'historien, l'embarras, en cette matière, est inextricable : il n'y a pas, à l'endroit des impôts, d'*unité* fixe, et dès-lors le terme de comparaison fait défaut.

L'historien — je ne parle pas ici des professeurs-ministres ni des érudits, amis des princes d'Orléans, qui ont découvert en France, pour le besoin de leur cause, un nouveau peuple, né à point en 1789 — l'historien, dis-je, éprouve un embarras semblable au sujet du « fardeau plus accablant encore des abus. »

En raison de l'infirmité humaine, infirmité « dont le fonds est inépuisable » (3), le jeu de nos facultés dépasse trop souvent le *modus in rebus* : partout où l'homme intervient, partout où sa main se cache, partout où son activité se déploie, on est sûr de rencontrer des abus.

Par conséquent, il y a des abus sous tous les Régimes.

Nous ne contesterons donc pas l'existence des abus signalés par le Tiers, tout en réduisant les proportions colossales que le monstre revêt dans l'imagination des Députés poitevins. — Il n'eût fallu rien moins qu'un autre Hercule pour terrasser cette hydre aux cent têtes, et nous comprenons que la République, née de la confusion des idées et de l'aveuglement des hommes, ait fait graver l'effigie du Demi-Dieu sur ses gros sous. —

Seulement, nous ferons remarquer que le Tiers-Etat, en France, visait à la suprématie, et qu'il était dès-lors porté à voir des abus dans les obstacles semés pour lui sur la route du pouvoir. L'ambition trouble notre regard, et, au dire de Sieyès, l'ambition du Tiers-Etat était grande. Déjà le Tiers s'intitule « la Nation ; » demain ses députés s'intituleront «l'Assemblée nationale.» Au début, le Tiers se contentait, en apparence, du doublement du nombre de

---

(1) *Archives de l'Ouest*, Poitou, Λ, p. 159.
(2) *Archives de l'Ouest*, Poitou, A, p. 170.
(3) Bossuet, *Œuvres complètes*, XVI, p. 588.

ses députés, ce qui lui assurait d'avance la moitié des suffrages dans le vote par tête ; vote réclamé par le Tiers contrairement à la Constitution ( « la plus heureuse, la précieuse Constitution » ), comme « la forme la plus propre à conserver les sentiments de conciliation qui doivent régner entre les députés, à faire taire l'esprit et les préjugés de corps, et faire connaître plus exactement le vœu général. (1) » A ces excellentes raisons, le Tiers eût pu en ajouter une autre « *la meilleure* » :

> C'est que je m'appelle Lion :
> A cela l'on n'a rien à dire.

Une simple observation toutefois.

En étudiant le système de suffrage adopté pour l'élection des députés du Tiers-Etat, on est peu surpris de voir la masse des élus composée *d'hommes de loi* (ancien style).

Qui pouvait mieux réformer l'Etat ?

Mais comment se fait-il que ces redresseurs d'abus royaux , ecclésiastiques, nobiliaires, n'aient pas touché à leur propre constitution ni permis qu'on y touchât? Encore aujourd'hui, les *hommes de loi* ont gardé leurs ressorts de juridiction, leurs Chambres, leurs Conseils, leurs prérogatives, et le pays n'y a rien perdu.

Sans chercher dans le verset de l'Évangile (2), où il est parlé de « paille » et de « poutre, » l'explication de ce fait, pour le moins singulier, ne serions-nous pas fondé à dire, au premier abord, que la Révolution, aux yeux du Tiers, n'était bonne que pour . . . autrui, et qu'à l'instar de « l'honnête Maréchal » de M. E. Augier, le Tiers n'eût pas été fâché, à un instant donné, de « figer le flot qui l'apporta et de refaire à son profit une petite France féodale. » (3)

J'ai hâte d'ajouter que je ne partage ni les idées de M. Giboyer fils ni les théories de M. Giboyer père.

Quoi qu'il en soit, le Tiers se donnait la mission de réformer les abus, et jouait le rôle de Protestant politique.

Comment s'acquitta-t-il de la tâche ?

> Nous l'allons montrer tout à l'heure.

§

**En 1789, fermeté contenue, mais inébranlable, à demander la répression des désordres.**

A qui doit revenir le mérite de cette prétendue tenacité dans la poursuite du *grand œuvre* ?

Est-ce aux mandataires ?

(1) *Archives de l'Ouest*, Poitou, A, p. 156·
(2) Saint-Matthieu, VII, v. 3.
(3) *Le fils de Giboyer*, act. I, scène II.

Est-ce aux mandants ?

Des juges compétents ont soutenu ce *distinguo*, prétextant que les premiers avaient déchiré les cahiers rédigés à leur usage par les seconds.

L'usurpation de pouvoirs ne prouve pas qu'au fond mandataires et mandants ne fussent point d'accord.

Les uns et les autres poursuivaient un but commun : la conquête du pouvoir au profit du Tiers-Etat.

Hé ! mon Dieu ! l'ambition n'est pas un crime en soi ; elle demeure permise aux partis comme aux individus. Malheureusement, les moyens de parvenir ne sont pas, le plus souvent, aussi légitimes.

Sur cet article, les *viri fortes* de 1789 (1) ne se montrèrent pas très scrupuleux, et pour dominer ils mirent en œuvre les mesures les plus détestables : la confiscation, l'exil, la mort ; « tout cela peut faire arriver à la souveraineté, mais non à la gloire. » (2)

Il est évident que, conformément à l'histoire, les hommes de 1789 ne disparaissent pas, pour moi, avec cette année mémorable, et que j'attribue aux promoteurs de la Révolution la part, toute la part, qui leur revient dans ce drame lugubre.

Ce point acquis, les actes, écrits en lettres de sang, établissent que pour les hommes de 1789, malgré leurs protestations, malgré leurs serments du premier jour, réformer les abus cela signifiait : mettre les biens de l'Eglise à la disposition de la Nation, dissoudre les parlements, promulguer la Constitution civile du Clergé, proposer la confiscation des terres des Emigrés.

Approuvez-vous toutes ces mesures, Monsieur ?

Ces mesures pourtant sont nées du « grand mouvement ! »

Selon Mounier (3), qui le connaissait à fond, et pour cause, le « grand mouvement » débute par la révolte ; selon l'histoire, il continue par la terreur et finit dans l'orgie.

Dès les premiers mois de la Révolution, la justice doit se voiler la face ; elle devient la justice dont parle Térence, le comble de la *malice*, — LA JUSTICE RÉVOLUTIONNAIRE. — On pille, on incendie, on tue impunément.

Où est « la fermeté » à demander la répression des crimes qui ont succédé aux « désordres ? » Cette fermeté me paraît étrangement « contenue. »

L'Assemblée, après avoir désarmé le Souverain, en ne laissant à Louis XVI que le nom de Roi, et en lui mettant à la main pour

---

(1) Je ne confonds point les hommes de 1789 avec les principes *dits* de 1789. Ces principes, que je professe, n'ont point été *découverts* à cette date ; ils étaient la base de la vieille constitution française, et si nos rois eurent parfois le tort grave de les enfreindre ou de les laisser tomber en désuétude, les novateurs ne les proclamèrent que pour couvrir leurs projets de ce drapeau national.

(2) Machiavel, *Le Prince*, VIII.

(3) *Des causes qui ont empêché les Français d'être libres.*

sceptre un roseau—le roseau qui assortit à la couronne d'épines !—
l'Assemblée « maîtresse des destinées de la France depuis le 14
juillet jusqu'au 5 octobre, » (1) l'*Assemblée-reine* sera dominée par
la populace de Paris.

Et quand les excès de cette populace, ivre de sang, auront
effrayé l'Europe, le monde, la postérité ; quand la Convention
mettra la terreur à l'ordre du jour, nos redresseurs de torts, d'a-
bus « intolérables, » que feront-ils ?

Ah ! . . . ils exécuteront passivement les ordres de la Convention ; juges, ils appliqueront la *loi* ; membres du département, du
district, de la commune, ils prendront des arrêtés pour la cons-
truction des guillotines et l'ouverture des fossés à creuser autour
de l'exécrable machine pour faciliter l'écoulement du sang, ainsi
que cela résulte de documents tirés de l'obscurité du greffe par les
soins de M. Antonin Proust : documents officiels, authentiques,
qu'il est impossible de confondre avec « le grand nombre de
légendes » (2) éditées depuis la fin du siècle dernier sur le règne de
la Terreur, car ces documents établissent notamment que, dans la
seule ville de Niort, on exécuta quarante-neuf personnes le même
jour (3 mars 1794). Fouquier-Tinville, qui n'est pas encore passé à
l'état de personnage *légendaire*, que je sache, avait raison de
dire que « les têtes pleuvaient comme des ardoises. »

Je m'empresse de reconnaître que les partisans des hommes de
1789 ont le soin prudent, et parfois trop discret, de séparer le rêve
séduisant de l'épouvantable réalité, d'isoler l'aurore de la Révolution du jour néfaste de la Terreur, et de crier avec le poète, (3) au
« sombre quatre-vingt-treize : »

Du fond des temps passés ne te relève pas !

Ce bon sentiment me touche sans me convaincre.

En effet, qu'on le veuille ou non, la Révolution — son nom l'in-
dique — embrasse tout un cycle durant lequel l'astre sanglant
parcourt le ciel de la vieille Europe en vertu d'une force initiale ;
vous le dites excellemment, Monsieur : la Révolution est « un
grand mouvement. »

Or, pour arrêter le mouvement, il faut enrayer la force d'impul-
sion : le peut-on toujours ?

Est-ce qu'une fois lancé sur la pente, le char ne roule pas fatale-
ment au précipice ? La pierre que la main abandonne au-dessus du
gouffre s'arrête-t-elle à mi-chemin ?

Donc les hommes de 1789 qui ont poussé l'Etat dans la voie des
abîmes ; les hommes de 1789 qui ont rompu les digues élevées par
leurs « pères » contre les grandes eaux des jours d'orage ; ces
hommes, dis-je, sont coupables, devant Dieu et devant la France,
des malheurs, des désordres, des crimes de la Révolution.

Les vrais coupables datent même de plus loin : ils se nomment

(1) M^me de Staël.
(2) *La justice révolutionnaire à Niort*, p. I,
(3) A. Barbier, *Les Iambes*.

Voltaire et Jean-Jacques Rousseau. Le vertige, qui fait tourner les têtes, avant de les abattre, c'est le souffle de la philosophie du xviiiᵉ siècle. Voltaire et Rousseau ont déteint sur cette société qui ne croit plus en Dieu, et cache, honteusement, sa misère sous des oripeaux, et l'absence de convictions sous des phrases sonores. Ecoutons le Tiers poitevin parler du Voisin en termes contraires au Décalogue :

« Les biens de l'Eglise présentent aussi de grands moyens, et si sans diminuer le service des autels — scrupule de *catholiques sincères* ! — on peut en appliquer une partie au soulagement de l'Etat, n'est-ce pas employer ces biens à leur *véritable destination ?* (1)

. . . . . Un grand nombre de monastères d'hommes, répandus dans cette province, monastères dans lesquels il n'y a que deux ou trois religieux pour consommer un revenu considérable, devrait être supprimé. . . Leur supression produirait des sommes immenses pour acquitter les dettes du royaume, puisqu'on POURRAIT ORDONNER *la vente des biens de ces mêmes monastères.* » (2)

Ce langage, d'une morale très *indépendante*, reflète les idées du temps, et les hommes de la Constituante, imbus de ces idées, s'empressèrent de suivre le conseil. On vendit d'abord les biens de l'Eglise, puis — l'appétit vient en mangeant — on proposa de vendre les biens des Emigrés.

Singulière façon de réformer les abus !

Et combien vous avez de motifs, Monsieur, de vous écrier que « ces souvenirs révèlent beaucoup de choses sur le temps présent ! »

Je ne veux pas comparer le présent au passé : à mes yeux, notre temps vaut mieux, infiniment mieux que l'âge précédent ; mais enfin il a ses misères.

Or, parmi les misères présentes, je n'hésite pas à ranger l'existence de cette école qui, de nos jours, jette feu et flammes, contre ce qu'elle appelle aussi « les abus *intolérables*, » et qui fait de l'*expropriation* la base de son plan de réformes.

A défaut du « ressort de la vertu, » fondement nécessaire des Républiques, (3) les hommes de 1789 ont employé, dans l'établissement de leur gouvernement, les « ressorts » de la *confiscation* et de l'*assassinat juridique*, bases ordinaires de la tyrannie.

Les démolisseurs, les anarchistes, les terroristes modernes, s'autorisant de ce précédent, du succès matériel qu'il a obtenu, des jugements trop complaisants qu'il a rencontrés et qu'il rencontre chaque jour dans la presse et ailleurs, demandent une nouvelle Convention — rien que cela ! — qui convertisse en décrets leurs aspirations et leurs théories insensées.

A ce point de vue je conviens avec vous, Monsieur, que « les souvenirs de 1789 révèlent beaucoup de choses sur le temps présent. »

Vous ajoutez : « et ils enseignent à l'homme qui aspire à la vie publique les devoirs qu'il contracte envers le pays. »

(1) *Archives de l'Ouest*, Poitou A, p. 158.
(2) *Archives de l'Ouest*, Poitou A, p. 164.
(3) Montesquieu, *Esprit des lois*, liv. III, ch. III.

§

**De nos jours, nécessité pour l'homme qui aspire à la vie publique de chercher dans les souvenirs de 1789 la règle de sa conduite.**

Le « grand mouvement » voudrait-il donc être continué ?

Mais ce serait continuer les querelles, les rancunes, les haines : triste legs de 1789 à la génération présente !

Evidemment, Monsieur, telle n'est point votre pensée.

Il faudrait pourtant s'entendre sur « le grand mouvement » et sur « les souvenirs de 1789. »

Je maintiens que 1789 et 1793 sont deux dates liées entre elles par la relation de cause à effet ; que la Révolution se personnifie dans le triumvirat Mirabeau — Robespierre — Barras ; et que si l'on dédaigne la logique, on est bien forcé de subir l'histoire.

Avertis de la sorte, et par ce grand maître, — l'Histoire, — nous savons désormais ce que pèsent l'éloge et le blâme dans la cause de la Révolution.

Je constate, Monsieur, que vous exaltez « la mâle indépendance, le bon sens pratique, la fermeté contenue, mais inébranlable de nos pères de bonne race poitevine et saintongeaise. »

Litote ou synecdoche, figure de mot ou figure de pensée, cachée sous un compliment à l'adresse des aïeux, l'expression « nos pères » signifie, en ce passage, les hommes de 1789, les auteurs du « grand mouvement. »

En même temps j'observe qu'il est permis d'être bon Français sans éprouver pour les hommes de 1789 une semblable admiration, et qu'il n'est pas nécessaire, pour faire acte de patriotisme intelligent, d'afficher à son chapeau la cocarde du libéralisme, attendu que les *libéraux de 1869* ressemblant peu aux *libéraux de* 1830, il convient de rejeter de la saine langue politique les mots dont la signification n'est pas irrévocablement fixée.

On se récriera peut-être en me protestant que *libéraux de* 1869 et *libéraux de* 1830 veulent la même chose et poursuivent le même but. Grand merci !

Je ne suis pas de ceux qui s'inclinent, soir et matin, devant l'IDOLE de la Liberté ; je ne suis pas de ceux qui se pâment à la lecture des *Droits de l'homme et du citoyen* ; je ne suis pas de ceux qui regardent la Montagne où siégeait « *l'auguste Sénat* » (1) de 1789

Comme un mont Sinaï.

Je ne me crois point mauvais fils pour douter de l'infaillibilité de nos « pères, » et je réponds hardiment à ceux qui parlent de leur « bon sens » :

(1) *Archives de l'Ouest*, procès-verbal de l'Assemblée électorale des Deux-Sèvres, séance du 11 juin 1790.

Donnez-moi le manteau de Sem et de Japhet pour les couvrir, ou cessez de vanter leur ivresse.

Aveugles ou imprudents — je suis respectueux envers leur mémoire — ils ont déchaîné les tempêtes et, d'un tour de main, *conversâ cuspide*, ouvert la porte aux Révolutions.

Depuis 1789, et grâce à nos « pères, » aucun gouvernement n'a pu se maintenir en France.

L'homme « qui aspire à la vie publique » fera bien, selon moi, de méditer ce terrible enseignement de l'histoire contemporaine. Alors il étudiera « les souvenirs de 1789 » non plus avec la fièvre de l'enthousiasme, mais avec le calme de la froide raison : *sine irâ et studio*. Il apprendra, par les conséquences « du grand mouvement, » à se défier des courants qui se meuvent dans les masses, comme le vent se joue dans les blés, et se rappelant la parole de Cerialis aux Gaulois, nos ancêtres sur le sol français : « *Ceterum libertas et speciosa nomina prœtexuntur (1)* » il rejettera « tout ce vocabulaire » — *eadem ista vocabula* — le vocabulaire de la Révolution, pour adopter cette langue française si nette, si belle, et que vous parlez si bien, Monsieur, à l'Académie.

Si ses concitoyens l'envoient à la Chambre, j'ose espérer pour lui qu'il ne se croira pas l'égal du Souverain, sinon son supérieur, évitant ainsi l'erreur à jamais déplorable de « nos pères de bonne race. »

Enfin il se souviendra, j'aime à le croire, que pour marcher dans les voies salutaires il faut regarder devant soi, et non tourner la tête en arrière, le sort de la femme de Loth n'offrant rien d'enviable.

Il me semble, Monsieur, que j'ai fourni, à votre suite, la course que je m'étais proposée. Avant de vous quitter, et du seuil du logis, permettez-moi de vous adresser le mot d'adieu, et ce mot, le voici :

Si, après 18 ans de retraite — *Non eadem œtas, sed mens* — je n'ai pu résister à la tentation, souvent surmontée, de rompre une lance dans l'arène politique, c'est que votre voix a eu, pour moi, la magie du clairon qui fait tressaillir le soldat sous sa tente : à ce son éclatant, j'ai couru aux faisceaux. Ce mouvement instinctif m'attirera le reproche de témérité ; loin de m'en défendre, je proclame hautement, Monsieur, qu'on est toujours téméraire quand on s'attaque à un adversaire tel que vous.

Veuillez agréer, Monsieur, l'assurance du profond respect avec lequel j'ai l'honneur d'être,

Votre obéissant serviteur,

Amaury DE LINIERS.

_____

(1) Taciti, *Historiarum*, lib. IV, 73.